Ln 27 1708S

JACQUES RÉATTU

PEINTRE D'HISTOIRE

Grand prix de Rome, Membre correspondant de l'Institut
et de l'Académie de Marseille.

NOTICE BIOGRAPHIQUE

PAR

JULES CANONGE.

NÎMES

IMPRIMERIE TYPOGRAPHIQUE SOUSTELLE,
Boulevart Saint-Antoine, 9.

1863.

RÉATTU.

Jacques Réattu, peintre d'histoire, pensionnaire de l'Académie de France à Rome, membre correspondant de l'Institut et de l'Académie de Marseille, naquit à Arles, le 11 juin 1760. La vivacité de son intelligence et une rare aptitude à reproduire par le dessin tout ce qui le frappait, annoncèrent, dès son enfance, une organisation d'élite. Moins connus qu'ils ne le sont aujourd'hui, les monuments, les sites historiques d'Arles donnèrent l'éveil à cette jeune imagination si bien faite pour les comprendre ; avant d'avoir pu s'en rendre compte par la science de l'archéologue, Réattu les devina par l'instinct de l'artiste; il se plaisait à les visiter. Le paysage à la fois grandiose et charmant de Montmajor, ces puissantes constructions monacales, cette chapelle antique s'élevant avec tant de grâce au milieu d'un cimetière taillé dans le roc, ces traditions merveilleuses et ces religieux souvenirs, ces fleurs et ces ombrages encadrés dans un large et lumineux horizon, avaient surtout le privilége de le captiver. Plus d'une fois, sans doute, l'enfant obscur qu'attendait un noble avenir y fut surpris dans ses rêveries par ces groupes d'élégants promeneurs que, dans tous les temps, Montmajor attira sous ses ombrages, et auxquels l'esprit bienveillant du monastère faisait alors un riant accueil; ces rencontres, ces épisodes ajoutaient au travail de sa pensée, et révélaient de plus en plus son talent précoce; les moines de Montmajor l'avaient, du reste, les premiers distingué. Pressentant tout l'honneur qui pourrait en rejaillir sur leur ordre, ces bons pères multiplièrent les séductions; mais, déjà ferme dans ses projets, Réattu leur déclara qu'il ne suivrait jamais d'autre carrière que celle des beaux-arts. Les moines lui proposèrent de l'envoyer à Rome étudier à leurs frais, pourvu qu'au retour, il devînt un de leurs frères et consacrât ses pinceaux à l'ornementation de leurs autels ; Réattu préféra son indépendance.

Arrivé à Paris en 1773, Réattu travailla d'abord à l'école de Jullien. Il obtint successivement à l'Académie royale les trois médailles de dessin. En 1789, il remporta le prix de torse. Poussé par ce même esprit d'indépendance qui fut, du reste, l'honorable mobile de toute sa vie, après ces succès préliminaires, Réattu quitta l'école de Jullien et se mit à dessiner seul à l'Académie. Sans atelier, sans patronnage, il eut l'audace de concourir pour le grand prix de Rome ; comme il n'était recommandé que par le talent, son tableau fut mal placé et passa presque inaperçu pour les juges. Fort du sentiment de ce qu'il vaut, Réattu ne se décourage pas et se remet à dessiner avec ardeur. L'adolescence avait développé les grâces naturelles de sa taille élevée et de

ses traits aux lignes correctes, à la physio-
omie pleine d'âme ; un jour, tandis qu'il
était penché sur son dessin, le peintre
Régnault le remarqua et s'arrêta derrière
lui. Frappé de l'œuvre et mis au courant de
la situation de l'artiste par une de ces
franches confidences dont la jeunesse est
prodigue, le professeur célèbre propose à
l'élève inconnu de le recevoir dans son atelier ; il lui promet ses conseils et le prix de
Rome. Réattu s'empresse d'accepter et
marche de progrès en progrès, avec le sur-
croît de forces que donne une confiance
bien fondée. L'époque solennelle du concours
arrive ; le sujet est la *Justification de
Suzanne ;* Réattu sait y répandre une cha-
leur et un mouvement qui laissent loin derrière lui tous ses rivaux. Convenablement
placé, désigné par le maître influent à
l'attention de ses collègues, le tableau de
Réattu obtient tout le succès qu'il mérite,
et le grand prix de Rome lui est décerné.
L'année 1791 fut ainsi la plus belle de la
vie de Réattu, qui se plaisait souvent à
répéter que jamais il n'éprouva une aussi
grande joie. Le tableau qui valut à Réattu

le grand prix de Rome est resté un des plus beaux du Musée de l'École des Beaux-Arts ; il figure gravé dans l'ouvrage de Landon et accompagné d'une notice des plus honorables.

Réattu part pour Rome où il continue ses études en même temps que Girodet, Gérard, Gros, Fabre, Drouais, Garnier, Lemot, Percier, Lagardette, presque tous ceux, en un mot, qui, depuis, ont occupé les sommets de l'art. Ce fut à Rome, en 1792, qu'il fit l'esquisse *d'Orphée demandant son Euridice* ; et le tableau de *Prométhée dérobant le feu du ciel.* Cependant la révolution se développait en France avec une effrayante rapidité. Plusieurs élèves de l'Académie de France à Rome se prirent d'enthousiasme pour les idées rénovatrices : enthousiasme mal récompensé ; car cette tourmente qui emportait tout un passé, n'épargna pas une des plus nobles institutions du grand siècle. La pension des jeunes lauréats fut supprimée ; c'en était fait de l'école française à Rome, si un riche négociant établi à Naples, M. Meuricauffe, n'eût recueilli ces naufragés de l'art ; il les soutint par de généreuses avances, et quelques-uns vinrent à Naples se fixer auprès de lui. Deux nobles femmes, l'une sœur et l'autre épouse de M. Meuricauffe, inspirèrent ce patronnage, digne d'être cité parmi les plus intelligents et les plus élevés ; douées toutes deux d'un vif instinct du beau, elles pratiquaient toutes deux le dessin. Fille d'un architecte distingué, Mme Meuricauffe était encore la plus remarquable cantatrice de Naples. A la sollicitation du grand-duc, qu'avait frappé la magnificence de sa voix, elle avait débuté avec grand éclat dans la carrière dramatique. Tout un avenir de triomphe fut sacrifié par elle à l'amour de M. Meuricauffe ; elle n'eut point à le regretter, puisqu'elle trouva dans son époux l'écho généreux de ses nobles pensées. Sous de tels auspices, Réattu se consola facilement et reprit courage. La franchise et la cordialité de son jovial caractère ajoutaient chaque jour quelque lien nouveau à l'intimité qui l'unit tout d'abord avec cette excellente famille.

Cependant les événements politiques avaient pris un cours plus favorable. Ne voulant pas que l'avenir de la jeune école fût perdu pour la patrie, le Gouvernement français remboursa les fonds avancés par M. Meuricauffe, et rappela en France les élèves de Rome. Réattu arrive à Marseille. Parmi beaucoup de travaux commencés, il apportait l'esquisse d'*Apollon Neptune et les Ouragans* (sujet emprunté à Homère); et l'*Echelle Mystérieuse*, tableau qui a fait longtemps l'ornement du cabinet de M. Rey, ex-intendant militaire à Marseille, et qui est encore aujourd'hui dans sa famille. On peut le regarder comme le chef-d'œuvre de Réattu. Ces peintures placèrent si haut Réattu dans l'opinion de ses compatriotes, que l'administration lui donna domicile à Marseille, dans une belle maison située sur la place Royale; des bains, des jardins complétaient cette faveur si honorable; et ce n'en était pas le côté le moins précieux pour Réattu, très-amateur, comme tout bon méridional, de ce qui rend la vie douce et facile. Inspiré par cette heureuse position, Réattu peignit alors l'*Incendie de la Maison d'Alcibiade*, dont il ne reste que trois fragments, et diverses esquisses : *La ville de Marseille faisant construire le Lazaret, le Triomphe de la liberlé, la Mort de Lucrèce, Mercure et Argus, Ixion attaché sur la roue par les Euménides.*

En arrivant de Rome, Réattu s'était lié à Marseille avec un jeune graveur dont la sympathie devint bientôt une profonde et solide amitié. Esprit fin, cœur chaleureux, M. Poize, que nous avons connu doyen de l'Académie de Marseille, et aux souvenirs de qui nous sommes redevable des particularités les plus intéressantes reproduites dans cette notice, s'attacha à Réattu avec ce dévoûment de tous les jours, de toutes les heures, à l'épreuve du temps et des vicissitudes de la fortune, bonheur providentiel pour celui qui sait l'inspirer. Ce fut alors que Réattu peignit sur toile de vastes grisailles pour décorer à Marseille le Temple de la Raison. Cette œuvre n'eut pas un heureux sort; l'artiste n'en toucha jamais le prix. Roulées plus tard et reléguées dans une salle du Collége, ces grisailles y subissaient toutes sortes d'avanies; elles eussent infailliblement péri en 1815, si, par une intervention ferme et habile, M. Poize ne fût parvenu à les retirer. Il eut l'adresse de les faire passer à la douane, et les expédia à Arles, où elles ornent aujourd'hui la partie supérieure de la galerie fondée par Mme Grange, fille de Réattu.

Découragé par le mauvais résultat de ce grand travail, les complications politiques lui ayant fait perdre le logement décerné par la munificence de Marseille, Réattu alla se consoler dans sa ville natale; il n'y resta que peu de jours et revint à Marseille chez son ami Poize; une heureuse surprise l'y attendait : un jour Poize lui annonce qu'une dame étrangère demande qu'il lui soit présenté. Insouciant et facile, Réattu se laisse conduire, et, dans la belle et noble personne auprès de qui il se voit introduit, il reconnaît Mme Meuricauffe. Appelé, retenu à Marseille par son commerce, M. Meuricauffe s'y établit avec sa famille. Il avait été recommandé en arrivant à l'excellent Poize, qui, déjà entraîné par une vive sympathie vers cette famille si distinguée, s'attacha plus fortement à elle lorsqu'il fut témoin du bonheur qu'éprouvait en la revoyant son ami Réattu. Le salon de Mme Meu-

ricauffe devint bientôt à Marseille le centre
des Beaux-Arts ; on n'y était admis que
présenté par le talent ou par la gloire.
Peintres, poètes, musiciens de toutes les
nations y portaient leur tribut. Là se plaisait à venir l'auteur de la *Folle par amour*,
inspirée, disait-on, par Mme Meuricauffe :
monde charmant auquel présidait le génie
d'une femme supérieure, et où tout se développait sous l'empire de son influence à
la fois sérieuse et douce. Dans cette société
d'élite, Réattu fut toujours au premier rang,
faveur d'autant plus précieuse que, méritée
par le talent, elle lui était donnée par la plus
cordiale amitié. Enthousiaste de musique
italienne, Réattu se plaisait à l'entendre re-
produite par la grande voix de Mme Meuricauffe ; l'artiste jouissait alors doublement,
car, remarquable surtout par l'expression,
a beauté de Mme Meuricauffe devenait presque surnaturelle lorsque l'inspiration l'ani-
mait : vie féconde, vie complète, trop peu
durable, comme tout ce qui nous fait entre-
voir le bonheur.

Appelé à Naples pour ses affaires, M. Meuricauffe y tomba malade ; sa femme quitta

Marseille pour lui porter les soins d'un amour toujours dévoué. La veille de son départ elle voulut dessiner le portrait de Réattu et celui de Poize, afin de ne pas être plus séparée de leur image qu'elle ne devait l'être de leur souvenir. Un pressentiment douloureux remplit cette séance pendant laquelle Poize dessina Réattu ; ce pressentiment ne se vérifia que trop, car, les bonnes paroles que leur dit le lendemain Mme Meuricauffe furent, pour les deux amis, son dernier adieu.

Plus que toute autre, l'âme sensible de Réattu devait comprendre la grandeur d'une pareille perte ; il essaya de s'étourdir en se réfugiant dans le travail, et de repeupler par les illusions de la peinture le vide qui venait tout d'un coup de se faire dans son existence. Un jeune seigneur de Marseille, le marquis de la Tour-d'Aigues, lui commanda plusieurs tableaux ; Réattu fit les esquisses, entre autres celle représentant le *Minotaure*. Des complications de fortune n'ayant pas permis au marquis de la Tour-d'Aigues de donner suite à cette commande, les tableaux ne purent pas être exécutés.

De plus en plus chagrin et le séjour du Midi lui devenant insupportable depuis qu'il a perdu celle qui en était pour lui la noble enchanteresse, Réattu réunit ses études, ses esquisses et part pour Paris. David y tenait alors le sceptre de la peinture: il ne pouvait pas suffire aux nombreuses commandes. Réattu va le trouver et, avec la naïve confiance d'une âme droite : « J'apporte, lui dit-il, plusieurs projets de tableaux, entr'autres celui-ci qui représente la République et la Liberté reconnues par tous les peuples ; ne pourriez-vous pas m'aider à obtenir quelque commande ? » David contempla les esquisses, les trouva très-belles, mais ne voulut rien faire pour Réattu. D'autres protections lui firent cependant commander le tableau de la *République et la Liberté reconnues par tous les peuples;* mais des contrariétés, des découragements ayant entravé l'exécution de cette œuvre, toutes les pensées de Réattu se tournèrent vers Arles ; il y revint pour ne plus le quitter, sauf quelques séjours à Marseille où l'appelèrent plusieurs fois d'importants travaux. Ranimé par les douces influences de la terre natale,

Réattu reprit ses pinceaux, il commença la *Toilette de Vénus*, tableau resté inachevé et fit plusieurs esquisses. Nommé membre correspondant de l'Académie de Marseille en 1814, il peignit, en 1818, Narcisse et Écho.

Cette même année, l'Administration de Marseille conçut le projet de faire restaurer la salle du Grand-Théâtre. Ce travail fut confié à Penchaud, architecte du département qui proposa pour les peintures et fit adopter Réattu. Toujours dévoué aux intérêts du talent et de l'amitié, Poize avait pris une part très-active à cette négociation; il s'empresse d'annoncer à Réattu le succès de leurs démarches et l'invite à venir chez lui. Présenté à la Direction qui traita avec lui, Réattu fit chez Poize sa première esquisse du plafond, aquarelle que Poize conserva précieusement. Rien ne fut changé à ce premier jet tout d'inspiration. Le sujet est *Apollon et les Muses répandant des fleurs sur le Temps*. Réattu peignit à la détrempe cette composition sur une toile de 30 pieds de large, les figures ont 8 pieds de proportion. Dans cette vaste machine où tout se meut avec grandeur , il n'est pas un détail soit du nu, soit des draperies , pour lequel la nature n'aît été consultée ; Réattu se trouvait pour cela admirablement secondé par son ami Poize toujours fécond en expédients ingénieux pour lui procurer des modèles. Admis enfin à contempler le travail de Réattu , le public marseillais le salua avec enthousiasme et cet enthousiasme fut ratifié par celui des connaisseurs soit français, soit étrangers qui s'arrêtaient à Marseille. Paris, disait-on , ne possédait rien de pareil. Les artistes qui se rendaient à Rome ne manquaient pas de voir le plafond de Réattu, et c'était le dernier hommage qu'ils rendaient au génie français au moment de quitter la terre de France. Enlevé avec soin lorsque l'on a changé la décoration de la salle , ce plafond existe ; il serait à désirer que la ville de Marseille le conservât pour le rendre à sa destination première en en décorant la voûte d'une salle du Musée qu'elle a le projet de se construire.

En 1820, Réattu fit à Arles, pour la ville de Marseille, l'esquisse du plafond de la salle du Conseil à l'Hôtel-de-Ville. Il avait choisi pour sujet le *Cours du Soleil*, et jamais son imagination n'a rien produit de plus riche, de plus varié, de plus brillant que cette esquisse qui décore aujourd'hui à Arles la galerie où Mme Grange a réuni les œuvres de son père. Poize avait envoyé à Réattu les dimensions ; Réattu porta son esquisse à Marseille ; elle y fut beaucoup admirée. On régla même le mode de paiement. M. de Villeneuve, alors Préfet des Bouches-du-Rhône, et M. de Montgrand, Maire de Marseille, avaient pris sous leur patronnage le talent de Réattu qu'ils avaient su comprendre en esprits supérieurs ; malheureusement il n'en fut pas ainsi de tous, et l'influence qu'usurpent trop souvent les hommes d'une portée médiocre fit retirer la commande. La ville de Marseille eut un chef-d'œuvre de moins.

C'était toujours à Arles que revenait Réattu, soit après ses revers, soit après ses succès. Vaincu il se ranimait, comme Antée, par le contact maternel ; victorieux il jouissait mieux de son triomphe. Arles eut donc le privilége de le posséder encore après le grand effet produit par le plafond du théâtre de Marseille et ce fut pour l'avoir désormais sans partage. Avec la somme si noblement gagnée par son travail, Réattu s'empressa d'acheter une propriété qui fût un lien de plus entre l'antique cité et son illustre enfant. Réattu aimait à posséder ; ce n'était pas chez lui ardeur du gain mais emploi surabondant d'une activité qui n'avait pas trouvé à se développer pleinement dans sa véritable carrière. Du reste, le propriétaire n'étouffait jamais en lui l'artiste ; ce dernier était au contraire presque toujours la raison déterminante du premier : ainsi Réattu avait acheté la tour de Montmajor pour la convertir en musée. Par une fantaisie d'artiste il en couronna de plantations le sommet où il fit monter de la terre. Malgré le succès de cette transformation, il ne pouvait pas se trouver pleinement heureux dans son jardin aérien renouvelé de Babylone ; n'avait-il pas sous ses yeux la chapelle de Sainte-Croix avec son élégant clocher, ses fines arêtes de pierre et ses traditions chevaleresques? Sainte-Croix possédée par un pêcheur incapable de la comprendre, mais très-obstiné à la garder en dépit des offres , des sollicitations d'un artiste tel que Réattu. Réattu parlait sans cesse de cet échec. Il s'en consola quelque peu en devenant acquéreur d'un autre monument qui tient une place importante dans l'histoire d'Arles, comme on peut s'en convaincre par la note suivante due à l'inépuisable obligeance de M. Gibert, l'excellent bibliothécaire d'Arles : « Vers l'an 1357, une bande de brigands sous la conduite d'Arnaud de Servolles, surnommé l'*Archiprêtre* ravagea les faubourgs d'Arles. La commanderie de Saint-Thomas-de-Trinquetaille, de l'ordre de Saint-Jean-de-Jérusalem, située non loin de la ville, dans l'île de la Camargue, fut démolie par eux. Raimond de Pleinchamp, qui en était alors commandeur, acheta, le 20 janvier 1338, de Jacques Pujades, une maison située dans la ville, au bord du Rhône, paroisse de Saint - Pierre - de - Pussol, unie actuellement à celle de Saint-Jullien ; une autre maison achetée à côté, le 2 avril 1361 ; une chapelle que fit construire le commandeur Melchior de Cossa, et un grand quartier ajouté sur le Rhône par Aube de Roquemartine, d'abord commandeur de Trinquetaille, puis grand-prieur de Saint

Gilles, complétèrent cette religieuse et guerrière fondation. Par un décret du conseil de Malte, daté du 15 janvier 1615, cette maison fut démembrée de la commanderie de Saint-Thomas et unie au grand-prieuré de Saint-Gilles; elle a donné son nom au quartier vulgairement appelé *lou gran priou.*« Heureux de posséder un monument auquel se rattachaient de si chevaleresques souvenirs, Réattu s'occupa de le restaurer et commença par le vestibule. Il montrait le plan que lui fit son ami Lagardette, achetait des matériaux et se plaisait à les voir tailler.

La douceur de cette vie tout arlésienne ne lui faisait pas cependant abandonner la peinture; bien qu'éloigné du centre où les réputations se forment et se maintiennent, son nom n'était point oublié. En 1827 il fut nommé membre correspondant de l'Institut de France. En 1824, il avait peint le tableau représentant Mercure et Argus. En 1828, la ville de Beaucaire lui commanda pour l'église de Saint-Paul, cinq tableaux dont il fit les esquisses. Il ne put en exécuter que trois; on les voit à Beaucaire dans l'église consacrée à Saint-Paul. L'esquisse du rideau d'entr'acte qu'il devait exécuter pour la salle de spectacle de Lyon fut, en 1829, son dernier travail de grand caractère. Chargés de la construction du nouveau théâtre de Lyon, les architectes Paulet et Chenavard demandèrent chacun une esquisse pour le rideau d'entr'acte, Chenavard à Abel de Pujol, Paulet à Réattu avec qui il avait été mis en rapport à son passage à Arles, par M. Huard, ami de Réattu et peintre consciencieux dont le crayon et le pinceau furent des premiers à faire connaître les monuments de sa ville natale. La commission nommée pour choisir entre les deux esquises donna la préférence à celle de Réattu. Plus tard, l'idée de faire un rideau d'entr'acte ayant été mise de côté, la même commission vota comme dédommagement à Réattu une somme de 600 francs qui n'a jamais été payée. L'esquisse avait été déposée à l'Hôtel-de-Ville de Lyon; elle fut rendue à Mme Grange sur les réclamations de M. Huard de qui no tenons ces détails. Plusieurs autres esquisses, des dessins lavés au bistre et rehaussés de blanc, des transparents pour les fêtes, des bannières pour les confréries le délassaient de ses œuvres sérieuses. Les marins d'Arles conservent précieusement et portent avec orgueil aux processions de la Fête-Dieu un drapeau que leur avait peint Réattu. On reconnaissait l'artiste au goût avec lequel il décorait la façade de sa maison pour ces solennités religieuses, et le fils pieux d'Arles, au mouvement qu'il se donnait dès la veille de la fête. Il insistait pour tout voir, tout exécuter lui-même; s'il avait pu confectionner jusqu'aux outils, il l'eût fait volontiers, autant par instinct de curiosité que par activité surabondante.

Partageant les illusions généreuses de ses jeunes contemporains, Réattu avait embrassé avec ardeur les idées révolutionnaires, mais ne participa jamais à aucun de leurs excès. Dans les hautes régions spéculatives où se plaisait à vivre son imagination d'artiste, il se prit d'amour pour les grands symboles proclamés par les novateurs, et ajouta à leur empire en les représentant nobles et beaux comme il les avait rêvés; mais il ne s'abaissa point jusqu'aux féroces égarements d'une pratique sans règle et sans frein ; il peignit bien la République et la Liberté reconnues par tous les peuples, mais il n'aurait pas, comme David, souillé ses pinceaux en voulant immortaliser l'ignoble agonie de Marat.

Cœur droit, esprit sain, Réattu fut toujours étranger à cette lèpre de l'envie qui dévore trop souvent les grands artistes. Il rendait justice au talent de ses rivaux et admirait surtout ceux pour qui la forme et la couleur n'étaient que le vêtement de la pensée. Il s'efforçait de les imiter. Ne perdant jamais de vue le but élevé vers lequel doit tendre tout homme qui a reçu en partage une étincelle du feu sacré, il n'avait garde de l'oublier pour s'égarer comme tant d'autres, parmi les fleurs répandues sur la route ou cueillir le rameau d'or si cher aux âmes vénales.

Doué de la sensibilité la plus exquise, Réattu avait ce que nous appellerons la pudeur du génie ; il la portait dans ses intérêts comme dans ses affections. A l'époque où il habitait Marseille, Réattu fréquentait intimement la famille Bonaparte, alors obscure et malheureuse. Plus d'une fois,

i r les froides et pluvieuses soirées d'hiver,
il descendit l'escalier du Grand-Théâtre, abri-
tant sous son manteau d'un côté son am
Poize et de l'autre celle qui fut la princesse
Borghèse, le gracieux modèle de Canova ;
faisant allusion à sa haute stature, il se
comparait plaisamment à l'Hercule protec-
teur représenté sur les monnaies de la république. Si nous en croyons les souvenirs
d'un de ses amis, peu s'en fallut qu'il ne
devînt alors l'époux de celle qu'attendaient
de si éminentes destinées. Loin de faire
valoir ces souvenirs à l'époque de la toute-
puissance impériale, Réattu ne voulut pas
même consentir à ce qu'il en fût parlé :
« c'est à eux disait-il de penser à moi. »

Aimé, regretté de ses concitoyens, Jacques Réattu mourut à Arles d'une attaque
d'apoplexie, le 7 avril 1833, âgé de 72 ans.

Près du palais de Constantin, au bord
du Rhône, dans cette même maison Commanderie de Malte et grand-prieuré dont
la possession fit le bonheur des dernières
années de Réattu, la piété filiale de
Mme Grange a réuni tout ce qu'elle a pu
sauver des travaux de son père et tient

avec une parfaite bonne grâce, cette remarquable galerie ouverte à tous les sincères amis du beau; après avoir traversé les dalles armoriées du vestibule ceux-là ne s'éloigneront pas sans lire sous le fronton extérieur de la porte et sans méditer cette inscription : *Nulli labor fallax*, noble devise dont la vie de Réattu fut un beau commentaire; bien qu'il en ait douté lui-même, si, découragé par les obstacles, il n'a pas fait produire au présent tout ce qu'il aurait dû en obtenir, l'avenir ne l'a point déçu et, trop peu nombreux, relativement à ce qu'ils auraient pu être, ses travaux suffiront cependant pour assurer à son nom une glorieuse durée.

—◦✕◦—

Ce qu'on a dit des livres on peut le dire aussi des tableaux : *Habent sua fata — ils ont leurs destinées*, et ces destinées, quand l'œuvre a de saillants mérites, il est, pour l'histoire de l'art, toujours curieux toujours intéressant de les connaître.

Lorsque la ville de Marseille organisa son

exposition des trésors de l'art en Provence. La commission chargée de cette œuvre importante, voulut y voir figurer le talent, le nom de Réattu. Elle s'enquit surtout de son chef-d'œuvre, le *Songe de Jacob*, qu'en 1846 nous avions admiré à Marseille chez M. Rey, intendant militaire où il attirait constamment de nombreux visiteurs. On l'y chercha vainement : plusieurs décès et ce qu'entraînent les partages de famille l'avaient dépaysé au point d'en faire perdre la trace. La commission vint se renseigner en Arles.

Là, comme à Marseille, on ignorait ce qu'était devenu le *Songe de Jacob*, et l'on souffrait de cette ignorance, lorsque, tout récemment, une lettre est arrivée à la mairie d'Arles, avec prière de la faire parvenir à la fille de Réattu dont on venait, disait-on, d'apprendre l'existence. Par cette lettre, Mme Grange-Réattu a su que, dans une vente publique, un marchand avait eu l'heureuse chance d'acquérir l'œuvre de son père et qu'il lui en offrait la cession ; elle s'est empressée d'en profiter. A l'heure où nous écrivons, le tableau capital de Réattu, désormais sauvé, occupe la place principale dans

l'ex-grand prieuré de l'ancienne commanderie des ordres réunis de Malte et du Temple,
acheté par lui, en 1822, et dont sa digne fille
a fait un musée à sa mémoire. Cette collec-
tion a cela de particulièrement remarquable
que, bien qu'étant une propriété privée, elle
peut être et elle est, en effet, considérée
comme le musée de peinture de la ville d'Arles à laquelle manque une galerie de ce
genre : Musée qui sera désormais doublement honorable pour cette cité, puisque le
plus brillant fleuron de la couronne s'y trouve
être le chef-d'œuvre d'un de ses enfants; et
ce n'est point là un triomphe secondaire,
car, parmi les peintures qui avoisinent cel-
les du maître arlésien, plusieurs sont si-
gnées : Titien, Ribeira, Dominiquin, Ca-
ravage, Guido Réni, Tintoret ou Rubens.

Quelles que soient les hautes et chères
convenances qui désignaient d'avance à
l'œuvre capitale de Jacques Réattu la place
qu'elle occupe aujourd'hui, cette place n'est
pas cependant encore tout ce qu'elle mérite;
sa véritable place serait au Louvre, au premier rang des émules de Réattu, dont le
talent, supérieur à plusieurs de ceux qui y

figurent, devrait être là, et n'est pas encore représenté. Plus riche d'invention, plus coloriste, plus mouvementé, plus énergique que l'école dont il fut le contemporain, mais de laquelle il sut se détacher par une fière indépendance, Jacques Réattu, personne ne pourra le nier après avoir vu le *Songe de Jacob*, Jacques Réattu, disons-nous, doit être classé parmi ces maîtres de l'art qui, contrariés, découragés par les circonstances, n'ont pu donner que dans un petit nombre d'œuvres la mesure de leurs facultés ; c'est une raison de plus pour recueillir pieusement et placer selon leurs droits et leur mérite les glorieuses épaves d'un génie auquel l'avenir doit une réparation des torts contemporains.